Die 12 Konzepte der Arbeit

Entwürfe für die Zukunft – Band 18

Kontakt: www.HarryEilenstein.de
Harry.Eilenstein@web.de
Harry Eilenstein bei youtube

Impressum: Copyright: 2022 by Harry Eilenstein – Alle Rechte, insbesondere auch das der Übersetzung, vorbehalten. Kein Teil des Buches darf ohne schriftliche Genehmigung des Autors und des Verlages (nicht als Fotokopie, Mikrofilm, auf elektronischen Datenträgern oder im Internet) reproduziert, übersetzt, gespeichert oder verbreitet werden.

Verlag: BoD · Books on Demand GmbH, Überseering 33, 22297 Hamburg, bod@bod.de
Druck: Libri Plureos GmbH, Friedensallee 273, 22763 Hamburg

ISBN: 978-3-8192-0995-6

Inhaltsübersicht

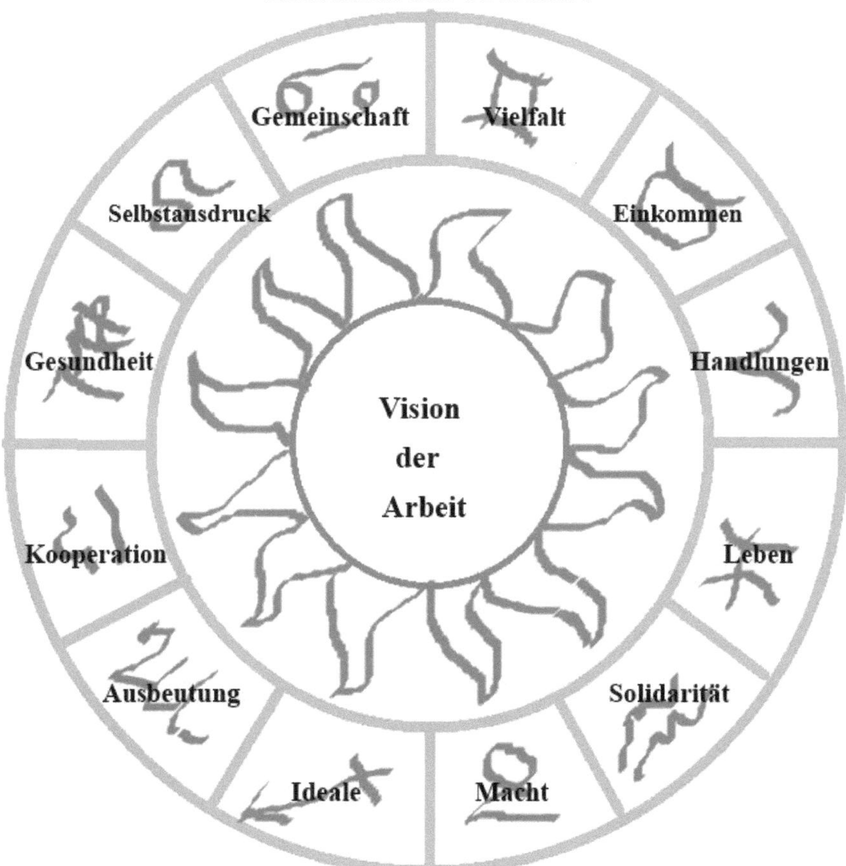

Warum 12?

Alle Bücher dieser Reihe haben genau 12 Kapitel – was sich ja auch in den Titeln dieser Bücher widerspiegelt. Warum?

In diesen Büchern wird der Tierkreis als Matrix von 12 verschiedenen Sichtweisen auf die Welt verwendet, um das Thema des Buches möglichst umfassend in 12 Kapiteln zu betrachten. Dadurch wird eine ausgewogenere, umfassendere und tiefere Einsicht in das jeweilige Thema erlangt als es ohne ein solches Raster, ohne eine solche Matrix möglich wäre.

Der Tierkreis wird in dieser Buch-Reihe als Forschungs-Hilfsmittel benutzt, durch das die Einseitigkeiten in der Betrachtung zumindest vermindert werden können. Weiterhin werden durch dieses Vorgehen diese 12 Sichtweisen auch als Ergänzungen zueinander, als organische Teile eines Ganzen deutlich.

Die Inspiration zu diesem Vorgehen stammt aus Hermann Hesses Roman „Das Glasperlenspiel", für das er 1946 den Literatur-Nobelpreis erhielt. In diesem Roman beschreibt er die öffentlichen Darstellungen von Übersichten und Gesamtbetrachtungen, die mithilfe von verschiedenen allgemeinen Strukturen wie z.B. dem Ba Gua aus dem chinesischen Feng-Shui angefertigt und aufgeführt werden.

Diese Buch-Reihe ist ein Versuch, Hesse's Idee im ganz Kleinen konkret zu verwirklichen.

Die Blickwinkel der 12 Tierkreiszeichen sind:

♈	Widder:	Spontaner
♉	Stier:	Genießer
♊	Zwilling:	Neugieriger
♋	Krebs:	Familienmensch
♌	Löwe:	Egozentriker
♍	Jungfrau:	Handwerker
♎	Waage:	Schöngeist
♏	Skorpion:	Tiefgründiger
♐	Schütze:	Idealist
♑	Steinbock:	Realist
♒	Wassermann:	Theoretiker
♓	Fische:	Träumer

1. Handlungen

♈

Wenn man sich Arbeit einmal ganz unbefangen ansieht, dann fällt als erstes auf, dass wir fast alle Tätigkeiten ausüben, die von der Evolution unseres Körpers her gar nicht vorgesehen sind. Wir sind keine Jäger und Sammler mehr, wir leben nicht mehr in der Natur, und wir sind auch nicht mehr – wie es in der Natur üblich ist – in einem häufigen Wechsel von Anspannung und Entspannung. Das ist erst seit der Erfindung von Ackerbau und Viehzucht so, also seit 8.500 v.Chr. Das sind gerade mal 10.500 Jahre – und an den meisten anderen Orten als Mesopotamien zum Teil auch nur 8.000 Jahre oder 6.000 Jahre oder noch weniger.

In solch einer kurzen Zeit hat die Evolution unsere Leiber noch gar nicht durch Mutation und Selektion an die Arbeit eines Bauern oder gar eines Büroangestellten anpassen können. Auch von unseren Instinkten her sind wir nach wie vor besser für die Jagd und das Sammeln von wilden Möhren und Nüssen vorbereitet als für das Sortieren von Akten oder für das Zusammenschrauben von Autos. Die Arbeit, die die allermeisten Menschen heute ausüben, sind keine natürlichen Handlungen mehr, die auf dem direkten Ausdruck unserer Instinkte beruhen.

Stattdessen sind unsere heutigen Arbeiten nur durch einen komplexen kulturellen und zivilisatorischen Überbau in unserer Psyche überhaupt durchführbar. Das beinhaltet das Erlernen einer komplexen Sprache, das Schreiben, Lesen und Rechnen, das Erwerben von Wissen in vielen verschiedenen Bereichen, den Umgang mit Maschinen aller Art, mit Informatik usw.

Zudem sind unsere natürlichen „lebenserhaltende Tätigkeiten" von unseren Instinkten her auf eine kleine Sippe von maximal zwei Dutzend Personen ausgelegt, die wir alle unser Leben lang kennen. Davon sind wir mittlerweile in unseren Großstädten mehr als meilenweit entfernt.

Wir leben also auf eine Weise, die überhaupt nicht unserem Körperbau und unseren Instinkten und auch den Urbildern in unserem Unterbewusstsein – Mutter, Sippe, Großraubtier, Jagd, Blut usw. – entspricht. Wir müssen uns mit vielem Gelernten in

5

einer unserem Wesen im Grunde fremden Welt zurechtfinden, die wir uns selber erschaffen haben.

Die Viehzucht war ihrem Schutz der Herden vor Raubtieren und Viehräubern noch eine einigermaßen natürliche Tätigkeit, der Ackerbau hingegen schon nicht mehr. Das Handwerk war noch weiter von den natürlichen Verhaltensweisen der Menschen entfernt und das Arbeiten im Auftrag des Königs und seiner Verwaltung nahm den Menschen auch noch einen Teil ihrer Eigeninitiative, die zuvor ein so wichtiges Element gewesen war. Das reine Arbeitnehmer-Verhältnis im Materialismus mit seinen Erfindungen und der Industrialisierung entfremdete den Menschen von seiner Arbeit und seinem Leben noch einmal ein gutes Stück weiter.

Im heutigen Zeitalter der Globalisierung erschafft das Internet mit seinen Fake-News schließlich zusätzlich noch ganze Informations-Welten, die überhaupt nichts mehr mit der Realität zu tun haben.

Das ist schon ganz abgesehen von der konkreten Arbeit, die jemand ausführt, eine schwierige Situation für jeden Menschen, denn wir haben noch immer die Instinkte und Reflexe eines Jägers und Sammlers in uns, der in einer kleinen Sippe in der Steppe lebt.

Es ist wirklich kein Wunder, dass ein Ausflug in die Natur für die meisten Menschen eine solch große Erholung ist – es ist eine Rückkehr in ihr „natürliches Habitat".

Was wollen wir angesichts dieser Umstände erreichen?

Der Slogan „Zurück in die Steinzeit!" wäre sicherlich nicht der beste aller Entschlüsse, denn viele der heutigen Errungenschaften machen das Leben sehr viel sicherer und angenehmer als es früher gewesen ist.

Aber vielleicht lässt sich das Leben ja wieder ein wenig natürlicher gestalten. Das erste Problem dabei ist, dass die meisten Menschen in Großstädten leben, in denen von einen „natürlichen Habitat" wirklich keine Rede sein kann. Auf der Erde leben derzeit 8 Milliarden Menschen – Tendenz steigend. Mit dieser Bevölkerungsdichte wird ein stabiles ökologisches Gleichgewicht auf der Erde ausgesprochen schwierig umzusetzen sein und auch eine natürliche Lebensumgebung ist bei dieser

Bevölkerungsdichte ein im Grunde unlösbares Problem. Wenn die Bevölkerung auf der Erde wieder von 8 Milliarden auf 2 Milliarde schrumpfen würde, wären beide Probleme wesentlich einfacher zu lösen. Doch davon sind wir noch viele Krisen, Einsichten, Entschlüsse, Umsetzungen und Jahre entfernt.

Bei einer deutlich geringeren Bevölkerungsdichte wäre es durchaus denkbar, dass die Menschen zumindest schon mal wieder in einer ihnen mehr entsprechenden Umgebung leben würden. Und warum sollten sich nicht eine hochentwickelte Technik, eine geschrumpfte Bevölkerungsdichte, ein ökologisches Verhalten und ein naturnahe Wohnweise kombinieren lassen?

Damit wären wir zwar noch immer nicht bei einer Arbeit angelangt, die dem Körper und den Instinkten des Menschen entspricht, aber es wäre trotzdem schon einmal ein großer Schritt in die richtige Richtung.

Dies ist auch erst der erste Ansatzpunkt zu einer neuen Form des Arbeitens. Vielleicht lässt sich dieser Ansatz ja durch das, was sich in den nächsten elf Punkten noch zeigen wird, sinnvoll zu einer noch vielversprechenderen Utopie zusammenfügen.

2. Einkommen

♉

Man arbeitet, um Geld zu verdienen, damit man sich dafür Wohnung, Kleidung und Nahrung kaufen kann. Daher ist dieses verdiente Geld – das Einkommen – und die Ansammlung von Einkommen – das Vermögen – das, warum man arbeitet. Allerdings ist das Geld nicht der eigentliche Grund für die Arbeit, sondern nur ein Hilfsmittel, um den Tauschhandel „Arbeit gegen Ware" zu erleichtern. Doch in unserer heutigen Kultur sind aller Augen auf das Geld gerichtet, da alle Wirtschaftsvorgänge über das Geld ablaufen. Es ist daher gar nicht möglich, die Arbeit zu betrachten ohne auch das Geld zu betrachten – doch das ist in dieser Buch-Reihe schon in „Die 12 Eigenheiten des Geldes" geschehen.

Wenn man sich die Einkommen und das daraus resultierende Vermögen weltweit genauer anschaut, sieht man sofort, dass beides sehr ungleich verteilt ist:

- 1% der reichsten Menschen besitzt 40% des gesamten Vermögens

- 10% der reichsten Menschen besitzt 85% des gesamten Vermögens

- 50% der ärmsten Menschen besitzt 1% des gesamten Vermögens

Um dies anschaulicher zu machen, kann man eine durchschnittliche Gruppe von 100 Menschen betrachten:

- 1 Mensch besitzt 40% des gesamten Vermögens

- 9 Menschen besitzen 45% des gesamten Vermögens

- 40 Menschen besitzen 14% des gesamten Vermögens

- 50 Menschen besitzen 1% des gesamten Vermögens

Der weitaus größte Teil des Vermögens befindet sich in den Händen von Personen in Nordamerika, Europa, Japan, Südkorea, Taiwan, Australien und Neuseeland.

Die Bezahlung von Frauen ist weltweit bei gleicher Leistung schlechter als die von Männern. Außerdem ist die Kinderarbeit noch immer weit verbreitet.

Die extreme Ungleichheit beim Einkommen zeigt sich auf krasse Weise an den 24.000 Menschen pro Tag, die an Unterernährung oder Mangelernährung sterben. Die noch größere Ungleichheit beim Vermögen zeigt sich in den Luxusjachten einerseits und den Slums andererseits.

Arbeit dient primär der eigenen Ernährung – doch 800 Millionen Menschen leiden an Hunger – das sind 10% der Weltbevölkerung. Andererseits sind 2 Milliarden Menschen fettleibig und übergewichtig – das sind 25% der Weltbevölkerung.

Der Hunger trifft auch Männer und Frauen keineswegs gleich: 60% der Hungernden sind Frauen und Mädchen.

Das Problem des Hungers ist durchaus schon lange bekannt und es ist auch schon versucht worden, etwas daran zu ändern:

- 1950: Durch Landreformen im globalen Süden erhielten die Kleinbauern Land, das vorher nur wenigen Großgrundbesitzern gehörte.

- 1960-1970: Die „Grüne Revolution" wird von dem reichen Norden propagiert: neue Sorten, Dünger, Pestizide, Maschinen. Dieser Ansatz wurde vor allem in Asien aufgegriffen.

- 1970-1975: Es gab wegen schlechtem Wetter weltweite Missernten, die zu Hungersnöten führten.

- 1974: Die erste Welternährungskonferenz der UNO findet statt, auf der beschlossen wurde, die Grüne Revolution zu fördern.

- 1975-1979: Die Erträge steigen, was jedoch nur zu einem geringen Teil an der Grünen Revolution lag, sondern vor allem wegen der vielen neuen Rohrbrunnen. Trotzdem gab es kaum weniger Hungernde und Verhungernde.

- 1979: Es gab zunehmende Kritik an der Grünen Revolution und der Lebensmittelimport-Abhängigkeit der Entwicklungsländer. Die UNO beschließt zwar eine stärkere Förderung der ländlichen Entwicklung, doch diese wurde nur unzureichend umgesetzt. Die Zahl der Hungernden stieg weiter an.

- 1980-1995: Im Zuge des Neoliberalismus zwangen der Internationale Währungsfonds und die Weltbank die Entwicklungsländer, ihre Zölle und ihre staatliche Agrarförderung abzubauen und billige Lebensmittel vom Weltmarkt zu importieren. Sie mussten nun statt Nahrungsmitteln Exportprodukte anbauen. Dadurch stieg die Abhängigkeit der armen Länder von den reichen Ländern.

- 1996: Auf dem Welternährungsgipfel wurde beschlossen, die Zahl der Hungernden innerhalb von 15 Jahren zu halbieren. Sie ist in den darauf folgenden Jahren auch leicht gesunken, doch seit 2024 steigt sie wieder. Die Entwicklungsländer stellten das Konzept der Ernährungssouveränität vor und forderten das Recht aller Länder auf Selbstbestimmung ihrer Agrar- und Ernährungspolitik – doch dieser Vorschlag wurde abgelehnt.

- 2007: Die steigenden Ölpreise und die Spekulationen ließen die Nahrungsmittelpreise extrem steigen. Die Spekulanten kauften riesige Flächen Ackerland in den armen Ländern, wodurch wieder Verhältnisse wie in der Feudalzeit entstanden – wie vor der Landreform von 1950.

- 2009: Die Weltbank forderte ein radikales Umdenken, doch von Geldgeberstaaten wird eine weitere Förderung der Grünen Revolution beschlossen, da die „grüne Gentechnik" fast nur den großen Unternehmen, die die patentierbaren Produkte besitzen, Vorteile gebracht hat.

- 2014: Die Ernährungs- und Landwirtschaftsorganisation der UN (FAO) verstärkte die Erforschung der Agar-Souveränität der Staaten.

- 2015: Die Forderungen nach einer Agar-Souveränität der Staaten wird immer stärker.

- 2018: Auf mehreren internationalen Symposien zur Agrarökologie werden u.a. biologische Vielfalt, partizipative Ökologie, Kreislauf-Ökologie, Solidar-Ökologie, ökologische Bewässerungsarten, Lagermöglichkeiten für Lebensmittel, sowie das Einhalten von menschlichen und sozialen Werten wie der Menschenwürde und der Gerechtigkeit gefordert. Weiterhin werden die Förderung bäuerlicher Strukturen gefordert, da diese Strategie am effektivsten ist; außerdem die Reduktion des Futtermittelanbaus, da die Fleischproduktion sehr landintensiv ist; schließlich auch noch das Verwenden von Ackerbauflächen für biologischen Treibstoffanbau. Auch die Entschuldung der armen Länder, die ein Drittel ihres Haushalts für Schuldentilgung ausgeben, und die Stärkung der Rechte von Frauen sind zwei wichtige Punkte.

Einer Oxfam-Analyse zufolge wären 33 Milliarden Euro jährlich nötig, um den Hunger zu beenden. Das wären 2,9% der jährlichen Militärausgaben nur der G7-Länder. Der deutsche Bundesentwickungsminister geht von 14 Milliarden pro Jahr bis 2030 aus, um den Hunger weltweit endgültig zu beenden.

Um diese Zahlen einmal in Relation zu setzen, kann man sie mit den Vermögen der zehn reichsten Menschen (es sind alles Männer) der Welt vergleichen:

Elon Musk	245 Milliarden,
Jeff Bezos	196 Milliarden,
Mark Zuckerberg	185 Milliarden,
Bernard Arnault	184 Milliarden,
Larry Ellison	170 Milliarden,
Warren Buffet	140 Milliarden,
Larry Page	136 Milliarden,
Bill Gates	132 Milliarden,
Sergej Brin	130 Milliarden,
Steve Ballmer	124 Milliarden.

Das sind zusammen 1.642 Milliarden Euro, also so viel, wie nach den pessimistischsten Schätzungen für die Behebung des Hungers in den nächsten 50 Jahren nötig wäre. Und diese Rechnung berücksichtigt noch nicht den Effekt, den es haben wird, wenn diese Summen vor allem in den Aufbau einer Selbstversorgung investiert werden würde, wodurch die Zahl der Hungernden sinken würde.

Allerdings führt die Klimaerwärmung aufgrund der Hitze zu einer Versteppung von

Ackerland bzw. durch den steigenden Meeresspiegel zu einer Überflutung von Acker-land, was die Probleme noch einmal verschärfen wird.

Auch Kriege binden extrem viel Arbeit, Kapital und Produktivität – abgesehen von den vielen „staatlich legalisierten Morden", die im Krieg stattfinden. Ein Beispiel:

Im Ukraine-Krieg sind bisher 190.000 Soldaten und 10.000 Zivilisten getötet worden.

Rußland: Rüstungskosten:	195 Mrd.
Ukraine: Rüstungskosten:	40 Mrd.
weltweite Hilfe an Ukraine:	250 Mrd.
direkter Schaden:	142 Mrd.
Wiederaufbau:	486 Mrd.
Rußland: geringeres BSP:	1.300 Mrd.
Ukraine: geringeres BSP:	120 Mrd.

Das ergibt eine Summe – nur in den ersten beiden Jahren dieses Krieges von 2.533 Milliarden Euro. Darin sind noch nicht die zusätzlichen Ausgaben für die generelle Aufrüstung enthalten, die in der BRD z.B. 100 Milliarden betragen. Mit den Kosten für diesen einen Krieg, der noch nicht einmal zu Ende ist, könnten alle Hungernden und Unterernährten auf der Erde 100 Jahre lang versorgt werden!

Was wollen wir angesichts dieser Umstände erreichen?

Umverteilungen von Einkommen und Vermögen sind bei denen, denen es gut geht, in den meisten Fällen ausgesprochen unbeliebt. Trotzdem wäre es denkbar, genügend Spenden für die Bekämpfung des Hungers zu sammeln, wenn nicht der extreme Neo-liberalismus diese Bestrebungen dadurch behindern würde, dass die armen Länder vor allem als Absatzmärkte für die eigenen Produkte angesehen werden würden. Das zeigt sich am deutlichsten in dem Versuch, die ärmeren Länder von genveränderten Produkten und den dazugehörigen Düngern und Pestiziden abhängig zu machen.

Es ist offensichtlich, dass die individuelle und die kollektive Aggression sowie Machtgier über die Politik, die Kriege und Wirtschaft ein zentrales Problem der Arbeit und somit auch der Ernährung sind. Arbeit kann folglich nicht unabhängig von Krieg, Politik und Wirtschaft und auch nicht unabhängig von der Verteilung des Einkommens und des Vermögens betrachtet werden.

Wie die Ausgaben für die Kriege zeigen, ist das Geld da, das für die Beendung des Hungers nötig wäre, aber es wird nicht vernünftig eingesetzt. Ein Krieg ist eine direkte Bedrohung, auf die Menschen sofort reagieren – der Hunger von anderen und die Klimaerwärmung sind als Bedrohungen in den Instinkten des Menschen nicht vorgesehen, weshalb die Menschen darauf auch nur sehr zögerlich reagieren.

Aber was wäre, wenn man die 2.500 Milliarden Euro, die der Ukraine-Krieg bisher gekostet hat, in die Bekämpfung des Hungers und den ökologischen Umbau der Weltwirtschaft gesteckt hätte? Was hätte man damit alles erreichen können?

Es stellt sich hier geradezu zwangsläufig die Frage, wie die Menschen zu einem Gesamtbewusstsein über die Erde und die Abläufe auf ihr kommen können, sodass sie anfangen, wie Erwachsene sinnvolle und weitsichtige Entscheidung zu treffen.

3. Vielfalt

Ⅱ

Es gibt eine große Vielfalt an Berufen. Man kann sie grob in vier Bereiche einteilen:

1. körperliche Arbeit: Maurer, Bäcker, Bauer usw.

2. emotionale Arbeit (sozialer Bereich): Krankenhaus, Altenheim, Kindergarten usw.

3. geistige Arbeit (Büroarbeit): Verwaltung, Buchhaltung, Management usw.

4. kämpferische Arbeit: Wächter, Polizei, Militär usw.

Wenn man die Anzahl der Beschäftigten in der üblichen Einteilung in drei Bereiche weltweit anschaut, findet man die folgende Verteilung:

Landwirtschaft:	32%	1.024 Millionen
Industrie:	24%	768 Millionen
davon Baugewerbe:	*7%*	*220 Millionen*
davon verarbeitendes Gewerbe:	*7%*	*209 Millionen*
Dienstleistung:	44%	1.408 Millionen
davon IT-Branche:	*24%*	*760 Millionen*
davon Pflegeberufe:	*1%*	*28 Millionen*
davon Militär:	*1%*	*25 Millionen*
gesamt:	100%	3.200 Millionen

Es ist in der heutigen Zeit also am wahrscheinlichsten, im Dienstleistungsbereich zu arbeiten. Das ist nicht immer so gewesen – früher war die Landwirtschaft der arbeitsintensivste Bereich. Um 1500 arbeiten noch über 80% der Menschen in der Landwirtschaft, da sie damals bei weitem noch nicht so produktiv war wie heute. Mit dem Beginn der Industrialisierung um 1800 stieg der Anteil der Beschäftigten in der Industrie; seit ca. 1990 steigt vor allem durch die Digitalisierung der Anteil der Dienstleistungen.

Neben den weitverbreiteten Berufen wie Maurer, Krankenschwester und Polizist gibt es jedoch auch eine große Anzahl seltener Berufe: Paramentik-Sticker, Bonbon-Erfinder, Schriftsteller, Bühnenbild-Maler, Glückskeks-Autor, Unterwasser-Schweißer, Golfball-Taucher, Geisterbahn-Erschrecker, Glasaugen-Macher, Pilz-Berater, Sprengmeister, Sextoy-Tester, Flechtwerk-Gestalter, lebende Schaufensterpuppe, Wasserrutschen-Tester, LEGO-Bastler, Luxusbetten-Tester, Unterwasser-Model, Beach-Inspektor, Kokosnuß-Sicherheitsbeauftragter, Geflügelgeschlechts-Finder, Schlangenmelker, Schwan-Zähler, Eisberg-Sucher, Fake-Führungskräfte, Beerdigungs-Gast, Hunde-Surflehrer, Roadkill-Entferner, Brunnenbauer, Tatort-Reiniger, Testpilot, Löwenbändiger, Bomben-Entschärfer usw.

Bei einer ausgeprägten Neigung oder einem ausgefallenen Talent besteht also auch die Möglichkeit, einen dazu passenden Beruf zu finden. Außerdem kann man, je eigenständiger man wird, sich auch umso passendere Arbeitsmarkt-Nischen selber erschaffen.

Bei den pro Jahr geleisteten Arbeitsstunden eines durchschnittlichen Arbeiters gibt es weltweit sehr große Unterschiede. In dem Land mit der höchsten Stundenzahl (Kambodscha) ist die Arbeitszeit um 81% höher als in dem Land mit der niedrigsten Stundenzahl (Deutschland). In die Umrechnung in Stunden pro Woche ist von jeweils 4 Wochen Urlaub pro Jahr ausgegangen worden, obwohl dies natürlich von Land zu Land sehr verschieden ist – aber auf diese Weise bleibt die Stundenzahl vergleichbar.

Kambodscha	2456 Std./Jahr	= 51 Std./Woche
Südafrika	2210 Std./Jahr	= 46 Std./Woche
China	2174 Std./Jahr	= 45 Std./Woche
Indien	2117 Std./Jahr	= 44 Std./Woche
Polen	2029 Std./Jahr	= 42 Std./Woche
Griechenland	2017 Std./Jahr	= 42 Std./Woche
Russland	1974 Std./Jahr	= 41 Std./Woche
Israel	1921 Std./Jahr	= 40 Std./Woche
USA	1757 Std./Jahr	= 37 Std./Woche
Japan	1738 Std./Jahr	= 36 Std./Woche
Spanien	1687 Std./Jahr	= 35 Std./Woche
Großbritannien	1670 Std./Jahr	= 35 Std./Woche
Schweiz	1560 Std./Jahr	= 33 Std./Woche
Frankreich	1514 Std./Jahr	= 32 Std./Woche
Dänemark	1400 Std./Jahr	= 29 Std./Woche
Deutschland	1354 Std./Jahr	= 28 Std./Woche

Obwohl Deutschland eines der reichsten Länder ist, ist die Arbeitszeit hier am niedrigsten – was vermutlich kaum einen Deutschen bewusst ist. Von einer weltweiten Gleichbehandlung der Menschen sind wir auch aus dieser Sicht sehr weit entfernt.

Um 1950 waren in Deutschland noch 6 Tage pro Woche zu je 8 Stunden üblich – also 48 Stunden pro Woche.

Während die Industrialisierung in den ersten 250 Jahren das Los der Arbeiter katastrophal verschlechtert hat, was dann zu dem Lösungsversuch des Kommunismus und des Sozialstaates geführt hat, hat die Weiterentwicklung der Technik mittlerweile dazu geführt, dass ein großer Teil der Arbeit von Maschinen übernommen worden ist, was in Deutschland und allgemein in Europa zu einer deutlichen Reduzierung der durchschnittlichen Anzahl der pro Jahr gearbeiteten Stunden geführt hat. Die Maschinen und die Automatisierung der Produktion haben zu mehr Wohlstand und zu mehr Freizeit geführt.

Wenn man schaut, was Menschen wirklich gerne tun und in welcher Umgebung sie gerne sind – Natur, Gemeinschaft, Neues erleben, offensichtlich Sinnvolles tun – dann kommen wir dem zwar teilweise langsam näher, aber es gibt noch viel zu tun. Außerdem ist diese Entwicklung zu mehr Freizeit und mehr Berufs-Vielfalt vor allem in Deutschland so und auch in den anderen reichen Industrieländern, aber nicht in allen Ländern – in den ärmsten Ländern verhungern nach wie vor jeden Tag 24.000 Menschen.

Trotzdem ist es eine erfreuliche Entwicklung, dass die Zahl der Berufe größer, die Berufssuche einfacher, die Berufswahl freier, die Arbeitszeit kürzer und ein Berufswechsel leichter geworden ist. Auch die Möglichkeit, nur eine halbe statt eine ganze Stelle zu suchen, macht die eigene Lebensgestaltung deutlich flexibler.

Vermutlich ist in diesem Bereich aber noch deutlich mehr Kreativität möglich.

4. Gemeinschaft

♋

Die älteste Arbeitsgemeinschaft ist die altsteinzeitliche Jäger-Sippe, auf die dann in der Jungsteinzeit die Bauernfamilie und das Bauerndorf gefolgt ist. Diese Grundeinheit hat sich bis heute als Familie erhalten. Allerdings wird die Arbeit der Frauen (meistens sind es auch heute noch Frauen) in den Familien, die sich um den Haushalt und die Kinder kümmern, nicht entlohnt und auch nicht im Bruttosozialprodukt (BSP) berücksichtigt. Dies ist der einzige Bereich, in dem die Arbeit noch natürlich vonstatten geht – also einfach aus der eingesehenen Notwendigkeit heraus und ohne Aufrechnung in Geld.

Natürlich gibt es diese natürliche Form der Arbeit auch sonst noch hier und da als Hilfe des Vaters im Haushalt und im Garten, als Nachbarschaftshilfe, als ehrenamtliche Arbeit usw. – doch der größte Teil der Arbeit ist „abstrakt" geworden und geschieht nicht aus der direkten Einsicht in die Notwendigkeit – so wie das z.B. beim Stillen des Säuglings der Fall ist – sondern über die Verrechnung einer Tätigkeit in Geld, mit dem man dann das kauft, was man eigentlich braucht. Man stellt das, was man braucht, in den meisten Fällen nicht mehr selber her – zumindest, was die Tätigkeiten im Beruf angeht. Im Beruf leben wir indirekt, Bedürfnis und Bedürfniserfüllung haben keinen direkten Kontakt mehr, da sich das Geld fast überall dazwischengeschoben hat.

Es gibt viele Ansätze, das Leben „wie in der Familie" wieder herzustellen: durch Wohngemeinschaften, Arbeitsgemeinschaften, Kommunen und ähnliches mehr. In diesem Zusammenhang hat sich durchaus in den 60 Jahren seit 1965, als diese Versuche aufkamen, ein Bodensatz an Erfahrungen gebildet, doch der große, überzeugende Entwurf ist bisher noch nicht gefunden worden.

Von der Arbeit selber her gesehen sind die sozialen Berufe am ehesten dem Leben in der Familie vergleichbar.

Was ist das, was da eigentlich gesucht wird? Das sind verschiedene Dinge: der direkte, unmittelbare Bezug zu dem, was man tut; die Offensichtlichkeit, dass das, was man da tut, sinnvoll ist; das Arbeiten in einer Gemeinschaft; der Rückhalt bei anderen; die Freude an dem, was man tut. Leider wird das Arbeiten in der Regel von Geld, Einkommen und Vermögen geprägt – und diese drei erschaffen fast überall Konkurrenz, Misstrauen, Distanz und eine gewisse Kälte.

Was wollen wir angesichts dieser Umstände erreichen?

Im Grunde ist das einfach gesagt: Eine Arbeit, die sinnvoll ist und die man mit Überzeugung machen kann, sowie ein Arbeitsumfeld, das menschlich ist, in dem eine Gemeinschaft sich gegenseitig unterstützt und in der sich der Stress in Grenzen hält.

Die allmähliche Reduzierung der Arbeitszeit geht in die richtige Richtung; ebenso die Übernahme der Schwerarbeit durch Maschinen. Doch der ständig wachsende Bereich der Dienstleistungen, die vor allem aus IT und Internet-Tätigkeiten bestehen, ist das genaue Gegenteil einer direkten, konkreten und lebendigen Arbeit: Man befindet sich dabei innerlich mit seiner Aufmerksamkeit in einer vollkommen abstrakten Welt.

Wir haben mit dem Internet sozusagen eine physische Variante des kollektiven Unterbewusstseins erschaffen, indem nun bereits ein Viertel aller Werktätigen als „Information" oder als „Gedanke" umherhuschen, Dinge berechnen, Strategien entwerfen, Firewalls errichten, Firewalls hacken, Fake-News verbreiten, Fake-News aufspüren, dem Dark Net hinterherspionieren. Das Internet ist wie kollektives Gehirn, in dem die 25% der Werktätigen, die in diesem Bereich tätig sind, einzelne aktive Zellen sind.

Natürlich ist das Internet ausgesprochen nützlich und fast jeder nutzt es – aber die Art der Arbeit, die dadurch entsteht, isoliert die Menschen schon recht stark voneinander.

In der Steinzeit und teilweise auch noch im Königtum war die Arbeit direkt und ihr Nutzen sofort einsichtig. Auch wenn die Arbeit heute im Allgemeinen deutlich leichter geworden ist, hat sie doch sehr viel von der Lebendigkeit des Schäfers, der die Schafe seines Dorfes hütet, der Magd, die die Kühe melkt, des Bäckers, der den Brotteig knetet u.ä. verloren.

Eine wirkliche Lösung ist dafür bisher – außer durch die Reduzierung der Arbeitszeit – noch nicht in Sicht. Man könnte sich auch fragen, was man wirklich in seinem

Leben braucht. Käme man nicht auch mit deutlich weniger gut zurecht – und hätte dann dafür mehr Zeit, die man mit seiner Familie, mit Freunden, in der Natur usw. verbringen könnte?

Hier könnte man sicherlich einiges einsparen, doch was kommt dabei heraus, wenn man es einmal durchrechnet? Wenn die 90% der Durchschnittsverdiener auf 10% von dem, was sie haben, verzichten würden, wäre das 1,5% des gesamten Vermögens in einem Staat – das 1% der Reichsten würde, wenn es 10% abgeben würde, bereits 4% des gesamten Vermögens in einem Staat spenden. Bei einem weltweiten BSP pro Jahr von 100.000 Milliarden Euro wären diese 10%-Spende des reichsten 1% der Menschheit bereits 4.000 Milliarden Euro. Die 10%-Spende der Durchschnittsverdiener würde nur 1.500 Milliarden Euro betragen. Zum Vergleich: Der Ukraine-Krieg hat bisher 2.500 Milliarden Euro gekostet.

Wenn wir es schaffen würden, die Kriege zu beenden und das Geld, das wir in diese Kriege stecken, zur Beendung des Hungers und zur Schaffung menschlicherer Arbeitsplätze stecken würden, wäre schon sehr viel gewonnen.

Man kann diesen generellen Verzicht auf 10% des Einkommens bzw. Vermögens auch in eine Reduzierung der Arbeitszeit um 10% umwanden.

Bei all diesen Überlegungen kommt man jedoch nicht drum herum, das Vermögen wieder gleichmäßiger zu verteilen, wozu die Vermögenssteuer das naheliegendste Mittel ist – die jedoch nach und nach in vielen Ländern abgeschafft worden ist. Weil die, die die Gesetze machen, tendenziell zu den Reicheren im Lande gehören.

5. Selbstausdruck

ᐁ

Der Beruf sollte im Idealfall der Berufung entsprechen, also dem, was ein Mensch sowieso gerne oder aus Überzeugung macht. Natürlich gibt es den Sachzwang, überhaupt etwas zu arbeiten – das war auch in der Steinzeit nicht anders, als das Überleben von der erfolgreichen Jagd oder von dem Ertrag des Dinkelackers abhing. Trotzdem ist der eine eher ein Jäger und der andere eher ein Bauer.

In der Altsteinzeit gab es außer dem Jäger so gut wie keine anderen Tätigkeiten, die man „hauptberuflich" machen konnte – vielleicht noch den Steinmetz, der die Äxte, Speerspitzen und Pfeilspitzen, Schaber usw. aus Flintstein hergestellt hat. In der Jungsteinzeit wurde die Vielfalt sehr viel größer, da damals die Handwerke wie Bauer, Viehhirte, Zimmermann, Schmied, Bäcker, Kürschner usw. entstanden. Daran änderte sich anschließend im Königtum nicht viel – die Berufe differenzierten sich nur immer noch ein wenig mehr. So wurde aus dem Schmied der Grobschmied, der Hufschmied, der Waffenschmied, der Goldschmied, der Silberschmied, der Kupferschmied, der Schlosser usw.

Alle diese Berufe führten ihre Tätigkeiten mehr oder weniger noch von Anfang bis Ende aus, d.h. sie sahen, was sie begannen und was am Ende dabei heraus kam: vom Stoff zum Gewand, vom Eisenbarren zur Pflugschar, vom Balken zum Dach usw.

Das änderte sich im Materialismus durch die Technik und die Industrialisierung. Viele arbeiteten nun nur noch an einem Detail der Herstellung eines Produktes oder an einer kleinen Aufgabe in der Verwaltung oder in einem Krieg, dessen Ursachen und Ziele sie nicht kannten. Die Menschen wurden von ihrer Arbeit entfremdet. In den 25% IT-Berufen, die es heute gibt, ist selbst das Objekt, an dem gearbeitet wird, kaum noch greifbar – das sind mit nahezu Lichtgeschwindigkeit durch das Internet fliegende Photonen, die Informationen transportieren.

Trotzdem steht jeder vor der Aufgabe, den richtigen Beruf für sich zu finden. Natürlich gibt die Beratungen im Arbeitsamt und manche wollen auch einfach nur möglichst schnell reich werden – doch wer kennt sich mit 18 schon so gut, dass er wirklich sagen kann, mit welcher Tätigkeit er in seinem Leben glücklich werden könnte?

Was wollen wir angesichts dieser Umstände erreichen?

Die Berufswahl ist etwas, auf das wesentlich mehr Zeit verwendet werden könnte als das heute im Allgemeinen üblich ist. Wie wäre es mit einem Intelligenztest, der ja auch die eigenen Fähigkeiten deutlich macht? Oder mit der Deutung des Horoskop, das den eigenen Stil deutlich beschreiben kann. Oder mit dem im Internet zur Verfügung stehenden Test „16 Personalities“, der den eigenen Grundtyp sehr treffend beschreibt?

Man kann ganz einfach sagen, dass jeder Tag, den man als Jugendlicher mit einer gründlichen Erforschung der eigenen Fähigkeiten und Neigungen verbringt, später viele Jahre in einem unpassenden Beruf vermeiden kann.

Wenn man davon ausgeht, dass die gründliche Selbstkenntnis die beste Grundlage für die richtige Berufswahl ist, kann man auch die Meditationen und spirituellen Übungen empfehlen, die genau diese Funktion haben wie Herz-Meditationen, Traumreisen zur eigenen Seele, Retreats und dergleichen mehr. In diesem Bereich ist die Auswahl an Methoden sehr groß.

Man kann als Vorbereitung oder als Ergänzung zu den Selbsterkenntnis-Methoden auch noch die Methoden, die für die Heilung der Psyche gedacht sind, benutzen, Dazu zählen z.B. Familienaufstellungen, Rebirthing und Trauma-Auflösung sowie auch die Homöopathie.

Man könnte auch eine einjährige Therapie für jeden Jugendlichen in Kombination mit Selbsterfahrungsgruppen anbieten. Natürlich ist das kein Allheilmittel – schon deshalb nicht, weil diese Dinge nur funktionieren, wenn der Teilnehmende das auch will. Doch wenn man bedenkt, wie viele Umschulungen, Krankenhaus-Aufenthalte und Burnout-Behandlungen man durch eine wirklich passende Berufswahl einsparen könnte, dann würde sich diese allgemeine Selbsterkenntnis-Hilfe für Jugendlich durchaus rechnen.

Bei den sogenannten „primitiven Naturvölkern" ist es allgemein üblich gewesen, dass der Jugendliche, bevor er bzw. sie in den Kreis der Erwachsenen aufgenommen wurde, auf eine Visionssuche gehen musste, um sich selber, seine eigene Seele und sein Krafttier zu erkennen. Diese Form der Selbsterkenntnis, die sich in inneren Bildern („Visionen") ausgedrückt hat, haben dem Jugendlichen dann sein Leben lang einen inneren Halt gegeben. Diese Visionssuchen sind auch heute noch möglich – mit welcher Technik oder unter welchem Namen auch immer. Bei Naturvölkern sind Tiere und Pflanzen die naheliegende Bildersprache für diese Erlebnisse.

So war z.B. deutlich, dass jemand mit einem Bären als Krafttier sehr standfest war und daher ein Krieger war, ein Mensch mit einem Falken gehört zu den Spähern, ein Mensch mit einer Kuh zu den Hebammen oder Heilern, ein Mensch mit einem Adler war ein Anführer usw.

Diese Kenntnisse waren das Fachgebiet der Schamanen. Aus diesem Visionsuchen sind um 600 v.Chr. die Weisheitslehren und die Mysterienkulte entstanden, die alle der Selbsterkenntnis und der Eigenständigwerdung dienten.

Dies waren Lao-tse, Dschuang-tse und Konfu-tse in China; Buddha, Jaina und Patanjali in Indien; die Mysterien der Isis und die Mysterien des Osiris in Ägypten; Zarathustra und der Mithras-Kult in Persien; der Kult des Zalmoxis und die Orpheus-Mysterien in Thrakien; Pythagoras und die Mysterien von Eleusis in Griechenland; die Mysterien des Sol invictus im Römischen Reich; die Odin-Mysterien bei den Germanen; und die Cernunnos-Mysterien bei den Kelten.

Diese Mysterien haben über 1000 Jahre lang bestanden und die dazu gehörenden Weisheitslehren wie z.B. den Taoismus und den Buddhismus gibt es teilweise noch heute.

Wäre es nicht naheliegend, etwas in dieser Art wieder aufzubauen – in neuem Gewand, mit alten und neuen Techniken und vermutlich teilweise auch mit neuen Bezeichnungen? Das ist in einer Betrachtung über den Zusammenhang zwischen der Individualität und der Berufswahl vielleicht etwas gewöhnungsbedürftig – aber es könnte einiges an Kosten für Heilungen und Umschulungen einsparen … und die Menschen vielleicht etwas glücklicher mit der von ihnen getroffenen Berufswahl und mit ihrem Leben ganz allgemein machen. In einzelnen Fällen werden solche Kurse und Wochenenden in Schulen schon angeboten.

Natürlich würden in solch ein „Berufsfindungs-Programm" auch fundierte Informationen über die einzelnen Berufe und die Anforderungen und die Haupttätigkeiten in ihnen gehören.

Es gibt einen einfachen Weg, um den richtigen Beruf zu finden: Man macht einfach immer das, was man sowieso tun will, was man gerne macht, wo es einen hinzieht – unabhängig davon, ob man damit Geld verdienen kann oder nicht. Irgendwann kommt das Geld dann von selber – man wird mit seinen speziellen Fähigkeiten irgendwo ganz dringend gebraucht.

Das ist dann ganz mühelos und fällt einem sozusagen in den Schoß. Der Schlüssel dafür ist ganz schlicht: Selbsttreue und Selbstausdruck.

6. Gesundheit

♍

Niemand will viel arbeiten – da läge es doch nahe, nach Möglichkeiten zu suchen, weniger zu arbeiten. Es gibt auch schon einige Beispiele dafür, wie man das machen kann:

1. Man fragt sich, was man wirklich braucht und reduziert dann seine Arbeitsstunden soweit, dass man gerade genug verdient. Das geht z.B. mit Halbtagsstellen oder 3/4-Stellen.

2. Man konstruiert Maschinen, die die schwerste oder gleichförmigste Arbeit übernehmen. Das ist schon weit fortgeschritten.

3. Man konstruiert alle Maschinen einschließlich Autos, Computern und Haushaltsgeräten nach dem LEGO-Prinzip, was bedeutet, dass aufgrund der genormten Bauteile ein Gerät, das nicht mehr funktionsfähig ist, entweder leicht repariert werden kann oder die Bauteile in anderen Geräten weiterverwendet werden können – sozusagen „vorausschauendes Recycling".

4. Man erschafft alle Dinge möglichst haltbar. Dann kosten die Rohstoffe vielleicht 20€ statt 10 € und die Löhne kosten ebenfalls 20€ statt 10€, doch wenn das billige Produkt für 10€+10€=20€ nur zwei Jahre hält, das teure Produkt zu 20€+20€=40€ zehn Jahre, dann müsste man in den 10 Jahren, die das teure Produkt hält, 5 mal das Produkt zu 20€ kaufen – was sich dann in der Summe auf 100€ beläuft statt auf 40€ für das haltbare Produkt.

5. Man könnte die Dinge, die man nicht mehr braucht, die aber noch intakt sind, verschenken, verkaufen oder zu einem Sozialkaufhaus bringen.

Die Menge der notwendigerweise produzierten Waren und somit auch die für diese Produktion benötigte Arbeitszeit liesse sich also auf vielfältige Weise verringern.

Im Zusammenhang mit der Arbeit ist auch die Gesundheit ein wichtiges Thema. Nimmt man bei der Arbeit eine natürliche Haltung ein? Oder ist die Arbeits-Haltung unnatürlich? Sitzt man viel, muss man sich ständig bücken oder vielleicht über dem Kopf arbeiten? Hier gibt es viele Möglichkeiten krank zu werden, obwohl sich in Bezug auf die Sicherheit und die Gesundheit am Arbeitsplatz in den letzten 50 Jahren schon viel getan hat.

Reichskanzler Bismarck hat 1885 die Krankenversicherung und 1889 die Rentenversicherung eingeführt – vor allem, um der neugegründeten SPD den Wind aus den Segeln zu nehmen. Doch beide Versicherungen schützten die Arbeiter in einer Weise, die es vorher nicht gegeben hatte. Zuvor waren die Kranken und Alten ganz auf die Unterstützung durch ihre Familie angewiesen.

Was wollen wir angesichts dieser Umstände erreichen?

Die Reduzierung der Arbeit auf das, was wirklich nötig ist, die Förderung des LEGO-Prinzips, die Übernahme von Arbeiten durch Maschinen oder Roboter und ähnliche Maßnahmen stecken noch sehr in den Anfängen. Vor allem das Bewusstsein darüber, was man wirklich an Waren zum Glücklichsein braucht, ist noch nicht sehr weit entwickelt – wenn man z.B. an Autos als Statussymbole denkt – und auch das LEGO-Prinzip steckt noch in den Kinderschuhen. Es ist ja schon eine lange Diskussion notwendig, um in der EU einheitliche Stecker und Buchsen für Ladegeräte festzulegen.

Natürlich sind Stecker und Buchsen, die nur im eigenen System passen, für den Hersteller von Vorteil, da er dadurch sicherstellt, dass die Kunden beim Kauf von Zusatzgeräten nicht „fremdgehen", aber was die Sparsamkeit in Bezug auf Arbeit und Rohstoffe und Wiederverwertbarkeit angeht, ist eine bunte Vielfalt an Steckern und Buchsen völliger Unsinn.

Immerhin gibt es schon die DIN-Normen – aber das ließe sich durchaus noch sehr viel weiter ausbauen. Es wäre doch eine sehr große Vereinfachung, wenn sich die

Systeme aller Hersteller in allen Bereichen miteinander kombinieren ließen und auch die Bauteile aus verschiedenen Bereichen miteinander kompatibel wären. Das würde zu weniger Produktion und somit auch zu weniger benötigter Arbeitszeit und somit auch zu mehr Freizeit führen.

Doch um das durchzusetzen, wird ein anderes Wirtschaftssystem gebraucht. Das wird im nächsten Kapitel beschrieben.

Es gibt viele Länder – auch reiche Länder wie die USA – in denen es keine Sozialversicherungen oder gar eine Sozialversicherungspflicht gibt. Von manchen Menschen – die meistens eher wohlhabend sind – werden die Sozialversicherungen als Freiheitsberaubung, Einmischung in das Privatleben, linksextremer Sozialismus und Kommunismus angesehen. Es ist allerdings davon auszugehen, dass diejenigen, die in diesen Ländern krank oder arbeitsunfähig sind, trotzdem froh wären, eine kostenlose Krankenversorgung oder eine finanzielle Unterstützung zu erhalten.

Auch dieses Thema ist – wie so oft – letztlich ein Streit um das Geld. Soll der Staat das Recht haben, über die Verwendung eines Teiles des eigenen Einkommens zu bestimmen oder nicht? Die extrem liberal ausgerichteten Personen werden dem Staat jegliches das Recht absprechen, Steuern einzuziehen oder allen eine Sozialversicherung vorzuschreiben – die extrem sozial eingestellten Personen werden sagen, dass ohne diese Steuern und diese Sozialversicherungspflicht die Armen in diesem Staat leiden werden müssen.

Die größte Chance haben also moderate Steuern und eine Sozialversicherungspflicht, die zumindest die ärztliche Notfallversorgung absichert.

7. Kooperation

♎

Eigentlich ist Kooperation im Arbeitsalltag eine Selbstverständlichkeit. Oft muss man mal zu dritt anfassen, um etwas bewegen zu können, es gibt die Arbeitsteilung, es gibt den Müller, der Mehl für den Bäcker mahlt, der dann daraus das Brot backt, es gibt die Kindergärtnerin, die nach den Kindern schaut, damit die Mutter vormittags arbeiten gehen kann. In dem heutigen System der Arbeit ist jeder ein kleines Rädchen in einem großen Ganzen.

Man sollte also annehmen, dass dieses Kooperationsprinzip allen in Fleisch und Blut übergegangen ist, doch wenn man sich das genauer anschaut, ist es in vielen Bereichen so, dass das Geld die Vorgänge prägt: Der eine Bäcker versucht den anderen Bäcker mit seinen Preisen zu unterbieten, die Arbeitgeber und die Arbeitnehmer streiten sich um die Höhe der Löhne und die Dauer der Arbeitszeit, Aktionäre streben nach möglichst hohem Gewinn ohne Rücksicht auf die Arbeitsbedingungen der Menschen, die diesen Gewinn erwirtschaften …

Und durch die im vorigen Kapitel beschriebene „Wegwerf-Produktion", die nur billige und kurz haltbare Produkte herstellt, schaffen wir jede Menge unnötige Arbeit, damit alle Arbeit haben und genug verdienen, damit sie sich was kaufen können. Das ist natürlich eine unsinnige Argumentation, denn es geht ja nicht um Geld und Arbeit – die sind beide nur Hilfsmittel zum Erreichen eines Ziels – sondern um die Produkte. In einer Wirtschaft sollten also Produkte hergestellt werden, die auf lange Sicht möglichst wenig Arbeitszeit und Material benötigen – und das sind die soliden, lange haltbaren Produkte, die keinerlei „Sollbruchstellen" haben.

Wie muss eine Wirtschaft aussehen, damit solche sinnvollen, Menschen-schonenden Produkte hergestellt werden? Mithilfe der Konkurrenz ist das nicht möglich, da dann der Hersteller an vielen billigen Produkten mehr verdient als an wenigen haltbaren Produkten. Doch mit der Kooperation können sich alle Beteiligten an einen Tisch setzen und einen Gesamtplan überlegen. Dabei wird sehr schnell deutlich werden, welche Produktionsweise auf lange Sicht gesehen am wenigsten Material und

Arbeitszeit benötigt. Doch der springende Punkt ist die Verteilung des Gewinns, der dabei erwirtschaftet wird. Auch an dieser Stelle ist die Kooperation und nicht die Konkurrenz notwendig. Diesen Punkt kann man nur klären, wenn man dabei wie in einer Familie vorgeht: Es müssen nicht alle gleich viel erhalten, aber es müssen alle genug erhalten und die Unterschiede dürfen nicht zu groß sein.

Durch einen solchen Ansatz, der sich an der Kooperation im Alltag orientiert, der in der Wirtschaft auf das Kooperations-Prinzip statt Konkurrenzprinzip setzt, der den Blick auf das auf das Ganze und auf die Gesamtwirkung richtet, für den Wirtschaften eine Koordinationsfrage und eine Verteilungsfrage ist, kann eine ganz neue Wirtschaftsform entstehen.

Diese neue Wirtschaftsform wird ausführlich in dem Buch „Die 12 Tore zur Sophikratie" aus dieser Reihe beschrieben.

Was wollen wir angesichts dieser Umstände erreichen?

Es ist einfach: auf eine sinnvolle Art wirtschaften, die Abläufe miteinander koordinieren, mit allen Beteiligten kooperieren und dadurch dann auf eine bessere Weise arbeiten können und sowohl die benötigte Arbeitszeit als auch das benötigte Material mittelfristig deutlich reduzieren.

Es ist aber auch schwierig: Schließlich ist es dafür erforderlich, im Arbeitsleben und auch als Unternehmer auf eine neue Art zu denken und zu handeln – und die Einführung eines neuen Vorgehens, bei dem zudem anfangs ja auch nicht alle mitmachen, ist zunächst sehr heikel und unsicher.

Doch es ist auch nicht aussichtslos: Immerhin kennen ja alle dieses kooperative Vorgehen mehr oder weniger gut aus der Familie, in der man auf genau diese Weise miteinander umgeht.

Nun kann man natürlich einwenden, dass die Arbeitszeit- und Material-Ersparnis durch Kooperation nur im Industriesektor funktioniert, aber nicht im Landwirtschafts-Sektor und auch nicht im Dienstleistungssektor. Das ist natürlich zunächst einmal richtig, aber man sollte auch nicht sofort ausschließen, dass das Kooperationsprinzip, wenn man es im Industriesektor anwendet, sich nicht auch anregend auf den

Dienstleistungssektor auswirken kann. Wie wäre es mit einheitlichen Schnittstellen zwischen allen PC-Programmen? Wie wäre es mit einer vereinfachten und gut funktionierenden Übertragung von Daten von einem System in ein anderes? Es lässt sich sogar im IT-Bereich zumindest ein großes Potential für Arbeitsersparnis durch Kooperation erahnen …

Weltweit arbeiten derzeit 32% der Arbeiter in der Landwirtschaft, 24% in der Industrie und 44% im Dienstleistungssektor. Wenn sich durch die Kooperation der Anteil der Beschäftigten in der Industrie von 24% auch nur auf 20% senken würde, dann wären 4% der Arbeiterschaft – wenn man es negativ beschrieben will – arbeitslos. An dieser Stelle ist natürlich die Kooperation notwendig: Statt 4% der Arbeiter arbeitslos werden zu lassen, kann man ja auch für alle Arbeiter die Arbeitszeit um 4% senken.

Da im Pflegebereich, in dem derzeit weltweit 1% der Arbeiter und Arbeiterinnen tätig ist, ein massiver „Pflegenotstand" herrscht, könnte auch ein Teil der Arbeiter, die in der Industrie nicht mehr gebraucht wird, in die Pflege wechseln.

Bei diesen Überlegungen sollte man zudem bedenken, dass die Freiwerdung von 4% der Arbeiter, die vorher in der Industrie tätig waren, nicht bedeutet, dass auch 4% weniger produziert wird. Es werden zwar tatsächlich z.B. weniger Schuhe produziert – und daher weniger Material und Arbeiter benötigt – aber da die produzierten Schuhe deutlich länger halten, muss trotzdem niemand barfuß herumlaufen, der vorher Schuhe gehabt hat.

Möglicherweise werden auch noch ganz andere Möglichkeiten der Kooperation entdeckt. Wenn die Arbeitszeit zunächst im Industriebereich deutlich sinkt, ist es z.B. denkbar, dass die allgemeine Arbeitszeit so weit sinkt, dass es möglich wird, dass die Alten zum größten Teil nicht mehr ins Altenheim kommen, sondern daheim von einem Angehörigen versorgt werden, der nur halbtags arbeiten geht.

Es wäre schließlich ja durchaus denkbar, dass in einem auf Koordination beruhenden Wirtschaftssystem die Arbeit der Mutter im Haushalt, die Erziehung der Kinder und die Pflege der Alten als vollwertige Arbeitszeit angesehen und auch entlohnt würde. Die Sorge der Angehörigen oder eines Nachbarn für zwei oder drei alte Menschen würde wiederum Kosten für Altenheime einsparen, was den krassen Pflegenotstand in diesen Altenheimen deutlich lindern würde.

All das ist noch nicht im Detail durchdacht, aber es ist eine vielversprechende Richtung.

Also: Kooperation statt Konkurrenz.

8. Ausbeutung

♏

„Kooperation statt Konkurrenz" wäre schön, aber da sind wir leider noch nicht – oder stecken bei diesem Thema zumindest noch ganz in den Anfängen.

Die Auswirkungen der ungehemmten Konkurrenz sind ja allgemein bekannt: Arbeitgeber gegen Arbeitnehmer, Wettbewerb zwischen den Arbeitgebern, Konkurrenz um die bessere Stelle zwischen den Arbeitnehmern, Mieter gegen Vermieter, die Werbung des einen gegen die Werbung des anderen, Partei gegen Partei, Armee gegen Armee … jeder gegen jeden … das Recht des Stärkeren …

Dieses Konkurrenz-Verfahren sorgt im Bereich der Arbeit für Ausbeutung und Sklaverei – die Arbeiter werden zu Objekten in den Berechnungen der Arbeitgeber – zu „Humankapital".

Nun ist Konkurrenz aber auch nicht einfach die Wurzel allen Übels. Sie ist ein notwendiger Bestandteil des Lebens: das Bessere setzt sich durch. Das ist Teil der Evolution: Mutation und Selektion.

Doch wir Menschen haben ja einen Verstand. Was geschieht, wenn wir ihn benutzen und auf die Missstände im Arbeitsleben richten würden? Als Erstes werden sich natürlich verbesserte Formen der Konkurrenz ausbilden: effektivere Ausbeutung, geschicktere Werbung, bessere Propaganda, größere Waffen …

Das ist die kurzsichtige Betrachtung des Themas: Wir benutzen unsere Fähigkeiten – den Verstand – um unsere Konkurrenzfähigkeit zu verbessern und die andren zu besiegen.

Nun ist die kurzsichtige Betrachtungsweise ja nicht immer gerade die effektivste Betrachtungsweise. Was wäre, wenn wir das Thema auf eine weitsichtige Art betrachten würden? Dann würde auf einmal die Kooperation als die effektivste Strategie deutlich werden.

Wenn ein LKW von der Straße abgekommen ist und mit zwei Rädern im Straßengraben steht, kann der LKW-Fahrer den Wagen alleine nicht wieder auf die Straße bringen. Doch wenn ihm zwanzig Leute zu Hilfe kommen, können sie gemeinsam den LKW wieder auf die Straße hinaufbringen.

Jeder, der schon einmal bei solch einer Aktion mitgemacht hat, kennt das Gefühl der Freude, das entsteht, wenn man so etwas gemeinsam geschafft hat. Das ist ein ganz anderes Gefühl als der Jubelschrei, wenn man den 1000m-Lauf gewonnen hat – es ist eine leuchtende, stillere, aber trotzdem erfüllende Freude, die mit den anderen verbindet. Schon alleine für dieses Gefühl der Freude lohnt es sich, die Kooperation kennenzulernen und zu einem wesentlichen Bestandteil des Alltags und auch der Arbeit zu machen.

Was wollen wir angesichts dieser Umstände erreichen?

Es ist ja auch keineswegs so, als ob die Konkurrenz abgeschafft werden müsste – das ist sowieso unmöglich, da sie auch im Wesen der Menschen liegt. Es geht lediglich darum, dass sie nicht mehr das prägende Element ist wie heute der Wettbewerb zwischen den Unternehmern, die Streit zwischen den Partien, der Krieg zwischen den Armeen.

Wenn die Konkurrenz der Kooperation unterstellt wird, wenn die Kooperation zu dem allgemein prägenden Prinzip wird, dann wird die Konkurrenz nicht mehr das Schwert in der Hand des Kriegers, sondern sie wird zu der Hefe im Teig.

Es liegt ja durchaus im Interesse der Kooperation, sich gemeinsam für das beste Verfahren zu entscheiden. Also gibt es eine Konkurrenz zwischen den Vorschlägen und den möglichen Verfahren. Sie werden analysiert und durchdiskutiert bis eindeutig klar ist, welcher Weg der beste ist. Hier wird die Konkurrenz gebraucht – und es geht dabei nicht darum, von wem der Vorschlag stammt, der letztlich angenommen wird, sondern darum, dass der beste Weg gefunden wird. Und in der Regel sieht dieser Weg am Ende auch anders aus als jeder der ursprünglichen Vorschläge – es gibt in solchen Diskussionen auch so etwas wie eine Evolution der Vorschläge, wobei die Ideen die Mutationen der Vorschläge hervorrufen und die Diskussion die Aufgabe der Selektion übernimmt.

Die Konkurrenz wird also zu einem internen Verfahren der gemeinsamen Richtungsfindung – sie ist dann keine äußere Dynamik des Kampfes von jedem gegen jeden mehr.

Dieses Verhalten kann man in manchen Kooperativen beobachten, doch am reinsten und am weitesten entwickelt scheint es an einer Stelle zu sein, die für die meisten vermutlich eher unerwartet ist: in der Sportart, die als „Ninja Warrior" bekannt ist.

In dieser Sportart stellen sich die Sportler gegenseitig Aufgaben wie Hangeln, Springen, Schwingen und dergleichen, durch sie sie durch einen Parcours, also durch eine Folge von Hindernissen kommen müssen. Manchmal hilft auch ein Trainer oder die Aufgaben werden im Rahmen eines Wettbewerbs gestellt.

Dabei sind die Ninja Warriors natürlich Konkurrenten, denn jeder will der Beste sein. Doch diese Konkurrenz steht stets innerhalb des Rahmens der Gemeinschaft, d.h. man feuert auch die Konkurrenten an und fiebert mit ihnen mit. Ich habe bei einem Wettkampf, den mein Sohn geleitet hat, sogar schon miterlebt, dass einer der Teilnehmer einem anderen seine eigenen Schuhe ausgeliehen hat, weil er gesehen hat, das sein „Konkurrent" Schuhe mit einer unpassenden Sohle getragen hat.

Die gemeinsame Freude an dem Sport und an dem, wozu man körperlich alles in der Lage sein kann, steht stets bei Ninja Warrior stets im Vordergrund. Daher ist das Üben in einer Ninja-Halle immer von Lachen, gegenseitiger Hilfe und Freude erfüllt. Und diese Freude steckt auch unbeteiligte Zuschauer sehr schnell an, sodass sie auch mal das eine oder andere Hindernis ausprobieren wollen.

Die Ninja Warriors üben zwar auch regelmäßig und sie wollen auch immer besser werden und sie schauen auch nach dem, was die anderen schon können, aber dieses Üben wird nie zum Training, also zur verbissenen Anstrengung, sondern es wird die ganze Zeit von der Freude an der Bewegung getragen.

Das ist in einer Ninja-Warrior-Halle sehr deutlich zu spüren, aber man kann diese Freude auch noch erleben, wenn man z.B. bei RTL eine der dort ausgestrahlten Ninja-Shows anschaut.

Die Ninja Warriors haben das Prinzip „die Kooperation steht immer über der Konkurrenz" instinktiv und ganz aus ihrem leiblichen Handeln heraus bereits begriffen.

9.   Ideale

Es ist im Allgemeinen hilfreich, wenn man sich überlegt, wo man eigentlich hin will und was das erwünschte Ergebnis ist. In Bezug auf die Arbeit lassen sich da einige Ziele formulieren, denen vermutlich die meisten zustimmen können:

1. Die Arbeit soll für den Lebensunterhalt sorgen.

2. Die Arbeit soll keine unnatürlichen Haltungen/Bewegungen erfordern.

3. Die Arbeit soll nicht den Körper und die Psyche schädigen.

4. Die Arbeit soll effektiv sein.

5. Die Arbeit soll erkennbar sinnvoll sein.

6. Die Arbeit soll kein Fremdkörper im eigenen Leben sein.

7. Die Arbeit soll keinen anderen schaden.

8. Die Arbeit soll die Welt verbessern oder sie zumindest gut erhalten.

Wahrscheinlich ließe sich diese Liste noch um einige Punkte erweitern, aber wenn diese acht Punkte schon erreicht wären, wäre das schon ein deutlicher Fortschritt. Was könnten Wege zum Erreichen dieser acht Ziele sein?

Das Folgende sind erste Vorschläge für die Wege zu diesen acht Zielen – wobei das natürlich nicht acht verschiedene Wege, sondern acht Aspekte desselben Weges sind.

1. Die Arbeit soll für den Lebensunterhalt sorgen.

Zur Umsetzung dieses Punktes – zu dem auch gehört, dass niemand mehr verhungern muss – gehört als wesentliches Element, die sehr ungleiche Verteilung von Einkommen und Vermögen auf der Erde zwar nicht vollkommen aufzuheben, aber deutlich abzumildern und in Grenzen zu halten, damit alle leben können.

Um dieses Ziel zu erreichen, wäre es ausgesprochen hilfreich, wenn die Weltbevölkerung statt ständig weiter zu wachsen, wieder von derzeit 8 Milliarden auf 1-2 Milliarden Menschen schrumpfen würde. Dadurch wäre wieder genügend Ackerland vorhanden, die Umweltverschmutzung würde zurückgehen, der CO_2-Ausstoß würde sinken und es wäre kein Leben in übervölkerten Großstädten mehr notwendig.

2. Die Arbeit soll keine unnatürlichen Haltungen/ Bewegungen erfordern.

Mit etwas Kreativität lässt sich in dieser Hinsicht viel erreichen: bequeme Stühle für's Büro, Hochbeete für den Gärtner, vielfältiges Werkzeug für den Autoschlosser, Gabelstapler für den Lageristen usw.

3. Die Arbeit soll nicht den Körper und die Psyche schädigen.

In Bezug auf den Körper ist vieles schon besser geworden, doch in Bezug auf die Psyche gibt es noch viele Arbeiten, die zu gleichförmig (Fließband), zu sinnlos (Plastik-Verpackungen) oder zu destruktiv (Schlachterei, Waffen-Industrie) sind, um der Psyche gut zu tun.

4. Die Arbeit soll effektiv sein.

Hier ist noch einiges an Kreativität möglich. Doch es gibt auch schon einige vielversprechende Ansätze wie „Books on Demand", die ein Buch erst dann drucken, wenn es bestellt wird.

Bei „Licht on Demand" geht dieser Ansatz es noch etwas weiter, da dabei ein Endverbraucher bei einer Firma nicht Glühbirnen, sondern Licht kauft, d.h. die Firma sorgt dafür, dass es überall bei dem Endverbraucher Licht gibt. Das führt dazu, dass die Firma möglichst energiesparende und lange haltende Leuchtmittel entwickelt und verwendet, da dies für sie am günstigsten ist. So werden durch diesen einfachen Trick auf einmal lang haltbare und ökologisch sinnvolle Produkte hergestellt.

Dieses Verfahren gibt es jetzt auch bei VW als „VoD", also als „Vehicle on Demand". Auch hier sorgt dieses Verfahren dafür, dass lange haltbare Autos ohne Sollbruchstellen gebaut und dadurch Arbeit und Material eingespart werden.

Dieses Verfahren lässt sich sicherlich noch auf viele andere Bereiche ausweiten.

5. Die Arbeit soll erkennbar sinnvoll sein.

Das lässt sich zum einem durch eine auf einer soliden Selbsterkenntnis beruhenden Berufswahl und zum anderen durch eine auf Kooperation beruhende und daher ökonomisch und ökologisch sinnvolle Wirtschaftsform erreichen.

6. Die Arbeit soll kein Fremdkörper im eigenen Leben sein.

Das lässt sich wie bei dem vorigen Punkt durch Selbsterkenntnis und eine Kooperations-Wirtschaft – die sogenannte „Sophikratie“ – erreichen.

7. Die Arbeit soll keinem anderen schaden.

Auch das ist eine Wirkung, die sich zwangsläufig aus einer auf der Kooperation statt auf der Konkurrenz aufbauenden Wirtschaftsform ergibt.

8. Die Arbeit soll die Welt verbessern oder sie zumindest gut erhalten.

Hier ist ebenfalls die „Sophikratie“ also die auf der Kooperation ergebende Regierungsform und Wirtschaftsform die solideste Grundlage.

Was wollen wir angesichts dieser Umstände erreichen?

Ganz einfach: Selber an der Stelle mit diesem Weg beginnen, für die man das größte Interesse und für die man die größten Fähigkeiten hat.

10. Macht

Wer hat die Macht in der Welt? Und wer prägt daher auch das Arbeitsleben? Und wie sollte das eigentlich am besten sein?

Zunächst einmal kann man eine Macht-Pyramide aufstellen, die zeigt, was wovon abhängt und was wovon geprägt wird.

Da gibt es mehrere Abhängigkeiten:

- Die Arbeitsformen hängen von den Unternehmensformen ab;

- die Unternehmensformen hängen von den Wirtschaftsformen ab;

- die Wirtschaftsformen hängen von den Regierungsformen ab;

- die Regierungsformen hängen von den Weltanschauungen ab.

Daraus ergibt sich die folgende Machtpyramide:

Die Arbeit lässt sich daher nicht ohne die Betrachtung der sie prägenden Unternehmen, der Wirtschaft, der Regierung und der dem allen zugrunde liegenden Weltanschauung betrachten. Diese Pyramide zeigt auch, dass sich die Arbeitsformen nur nachhaltig verändern werden, wenn sich auch die Weltanschauung verändert.

Die hier angestrebte Veränderung ist die „Bändigung der Konkurrenz" durch das Prinzip der Kooperation. Dadurch wird auch eine Verständigung zwischen dem liberalen Freiheits-Prinzip und dem sozialen Gemeinschafts-Prinzip möglich – schließlich bedeutet Kooperation auch, dass man das polarisierende „entweder – oder" beendet und schaut, wie man ein sinnvolles „sowohl als auch" erreichen kann, mit dem sowohl Liberale als auch Sozialisten gut leben können.

Die dem zugrundeliegende Einsicht ist ganz schlicht das Erlebnis, dass man gemeinsam weiter kommen kann als alleine – und dass dieses freiwillige „gemeinsam" eben nicht das Aufgeben der eigenen Freiheit bedeutet, sondern ein Handeln aus Einsicht in die augenblickliche Situation entsteht. Das Problem ist die Polarisierung von „liberal" und „sozial" – wo doch kaum ein Liberaler ungerührt weitergehen und einen Menschen einfach verbluten lassen würde – und auch kein Sozialer einem anderen jede einzelne Handlung vorschreiben würde.

Das Zauberwort, um dieses „sowohl als auch" zu erreichen, lautet ganz schlicht „Sachbezogenheit". Wenn man sich gemeinsam eine Sache anschaut und sich über die Ziele klar wird und auch nicht mehr der Druck besteht, sich mit seiner Meinung durchsetzen zu müssen, um wiedergewählt zu werden, dann wird das Finden einer sachlichen Lösung nicht mehr allzu schwer sein.

Da Macht vor allem auf Geld beruht und ein Staat mit Geld auch Waffen kaufen und Kriege führen kann, ist für das Erschaffen von neuen Rahmenbedingungen für die Arbeit auch ein neuer Umgang mit Geld und ein neues Verständnis des Geldes notwendig. Dieses Thema wird in dieser Reihe in dem Buch „Die 12 Eigenheiten des Geldes" betrachtet.

Was wollen wir angesichts dieser Umstände erreichen?

Ein neues Prinzip wie „Kooperation" kann sich dann durchsetzen, wenn es

a. klar formuliert und mit Beispielen anschaulich gemacht worden ist,

b. wenn es sich in einem griffigen Slogan wie z.B. „Arbeit – miteinander statt gegeneinander" zusammenfassen lässt, und

c. wenn es genügend konkrete Beispiele dafür gibt, wie solch ein Ansatz erfolgreich umgesetzt werden konnte.

Daher sind die Weiterentwicklung und Ausdifferenzierung der hier vorgestellten Ansätze und ihre Kombination mit möglichst vielen anderen Ansätzen und der Integration dieser gesamten Ansätze zu einem Gesamtvorschlag sowie möglichst viele konkrete Umsätze dieses Prinzips wie z.B. das „… on Demand"-Verfahren notwendig.

11. Solidarität

~~~

Um ca. 1850 haben die Arbeiter in zunehmendem Maße begonnen, sich als eine soziale Schicht zu begreifen und sich als Gemeinschaft aufzufassen, die als Ganzes dafür kämpfen muss, dass sie nicht ausgebeutet wird.

Der damalige Reichskanzler Bismarck hat ab 1885 versucht, der damals neugegründeten SPD durch die Sozialgesetzgebung die Macht zu nehmen und die Einigkeit der Arbeiterschaft wieder aufzulösen – was ihm jedoch nicht gelungen ist, da seine Sozialgesetze zwar ein Anfang waren, aber bei weitem nicht ausgereicht haben, um die Armut der Arbeiterschaft zu beenden. Trotzdem war dies weltweit der erste Ansatz zur Erschaffung einer staatlich begründeten sozialen Absicherung, die dann bald von vielen anderen Staaten in ähnlicher Form übernommen worden ist.

Diese Sozialgesetze haben nach und nach dann außer der Krankenversicherung auch das Arbeitslosengeld, die Rente und die Pflegeversicherung umfasst.

Bereits 1848 hatten Karl Marx und Friedrich Engels in ihrem „Kommunistischen Manifest" alle Arbeiter zur Solidarität miteinander aufgerufen: „Proletarier aller Länder – vereinigt euch!" Marx und Engels hatten erkannt, dass die Arbeiterschicht nur dann ausreichend Macht hatte, um wirklich etwas an ihrer Ausbeutung zu ändern, wenn sie solidarisch miteinander waren und als Gemeinschaft auftraten. Dies war der Ursprung der Gewerkschaften, die noch heute zusammen mit den Arbeitgeber-Verbänden die Tarifverträge aushandeln.

Diese Solidarität der Arbeiter stand stets den Unternehmern gegenüber und beide haben sich als Konkurrenten begriffen. Diese Konkurrenz besteht zwar weiterhin weiter, doch sie muss heute in den Rahmen einer übergreifenden Kooperation gestellt werden. Dazu ist es notwendig – wie schon in den vorigen Kapiteln beschrieben – dass der Blick weg von dem Arbeitgeber/Arbeitnehmer-Gegensatz auf die Sache selber, also auf das Produkt gerichtet wird.

Solange in erster Linie auf das Geld, also auf den Lohn geschaut wird, wird das
~~~

Produkt darunter leiden, da ohne den Blick auf das konkrete Produkt keine Sachlichkeit in das Thema kommen kann. Die Frage ist letztlich nicht, wer wie viel Geld hat, sondern ob alle das haben, was sie brauchen und ob sie auf eine möglichst einfache Weise an diese Dinge kommen, die sie brauchen.

Dafür sind lang haltbare Produkte sinnvoller als nur kurz haltbare Produkte und dafür sind menschenwürdige Arbeitsumstände notwendig. Solch eine sachliche Betrachtung und Diskussion kann dann dazu führen, dass der gesamte Arbeitsprozess sinnvoll gestaltet wird. Dazu ist jedoch ein hohes Maß an Kooperation notwendig – auch bei der Verteilung der Erträge aus der Produktion. Eine solche Kooperation führt jedoch dazu, dass letztlich weniger Material und Arbeitszeit gebraucht wird und die Arbeit vielleicht auch ein bisschen weniger stressig wird.

Es gibt Ansätze, die in diese Richtung gehen wie das Bürgergeld und das bedingungslose Grundeinkommen. Sie gehen das Problem von einem sozialen Prinzip her an, d.h. sie versorgen zunächst alle und nehmen das als Grundlage für das weitere Vorgehen.

Die Kooperation hat einen etwas anderen Ansatz: Arbeitgeber, Arbeitnehmer und evtl. noch andere beteiligte Gruppen schauen gemeinsam, wie man einen Produktionsprozess am sinnvollsten gestalten kann. Bei diesem Ansatz setzen sich alle zusammen und schauen, wie der Kuchen am besten gebacken wird und wie der Kuchen anschließend am besten verteilt werden kann. Das ist ein sachbezogener Ansatz.

Der soziale Ansatz sagt hingegen, dass jeder z.B. ein gleich großes Stück von dem Kuchen erhalten soll. Der liberale Ansatz sagt hingegen, dass sich jeder möglichst als Erster ein möglichst großes Stück Kuchen nehmen soll.

Es ist offensichtlich, dass der kooperative Ansatz, bei dem sich alle zusammen an den Tisch setzen und dann den Kuchen untereinander aufteilen, am ehesten dem Umgang in einer Familie entspricht und wahrscheinlich auch am sinnvollsten ist.

Was wollen wir angesichts dieser Umstände erreichen?

Die Antwort ist ähnlich wie im vorigen Kapitel: Es muss zunächst einmal die Kooperations-Handlungsweise möglichst klar und anschaulich beschrieben werden –

sowohl das Grundprinzip als auch ihre Anwendung in verschiedenen Lebensbereichen. Dabei steht hier natürlich die Kooperation im Arbeitsbereich an erster Stelle.

Da sich der Arbeitsbereich – wie bereits beschrieben – jedoch nicht von den Unternehmen, der Regierung, der Politik und der allgemeinen Weltanschauung trennen lässt, beginnt dieses Projekt der Humanisierung der Arbeit mit einer neuen Weltanschauung, die die Menschen als verantwortungsvolle Gemeinschaft sieht: als „Eltern der Erde", die die Erde ökologisch und ökonomisch bewohnbar erhalten und in Verantwortung für die Menschheit und in Vertrauen zu der Menschheit leben.

12. Leben

Zu der Arbeit gehört auch, dass die Menschen die Erde intakt erhalten und z.B. keinen Plastikmüll in die Natur werfen, sparsam mit den Rohstoffvorräten umgehen und die Überbevölkerung rückgängig machen.

Wenn man die Erde von außen her betrachten würde, könnte man schon auf den Gedanken kommen, dass auf der Erde allmählich so etwas wie eine Menschen-Monokultur entsteht. Die Menschen sind überall und prägen alles. Diese Überbevölkerung und die Inbesitznahme der gesamten Natur und die Umgestaltung der Wälder zu Städten oder Ackerland haben zum Artensterben geführt.

Doch Artensterben ist nicht nur ein Problem, weil dadurch das ökologische Gleichgewicht auf der Erde gestört wird. Es ist auch ein Problem der Vereinsamung der Menschen auf der Erde. Das kann man deutlich spüren, wenn man bemerkt, dass es kaum noch Schmetterlinge gibt, oder auch, wenn man in den Weiden Fluss wieder Reiher sieht, die dort nisten oder man oben aus der Krone einer Eiche seit Jahrzehnten das erste Mal wieder einen Raben rufen hört.

Die Betrachtung der Arbeit, wie sie früher war, wie sie heute ist und wie sie hoffentlich morgen sein wird, ist nur ein kleiner Teil der Gesamtbetrachtung, zu der auch die Ökologie, die Gesundheit, das Geld, die Wirtschaftsform, die Spiritualität, die Bildung, der Umgang mit Drogen, das Recht, die Religion, das Wohnen, die neuen Technologien, der Frieden, die Beziehungen und noch vieles mehr gehören, die ja alle miteinander verwoben sind.

Was wollen wir angesichts dieser Umstände erreichen?

Endlich wie Erwachsene vom Ganzen her denken …

Bücher von Harry Eilenstein

Magie für Anfänger
- Telepathie für Anfänger (60 S.)
- Telepathie für Fortgeschrittene (52 S.)
- Telekinese für Anfänger (52 S.)
- Analogien für Anfänger (56 S.)
- Omen und Orakel für Anfänger (52 S.)
- Lebenskraft für Anfänger (60 S.)
- Meditation für Anfänger (56 S.)
- Kundalini für Anfänger (100 S.)
- Hypnose für Anfänger (56 S.)
- Kampfmagie für Anfänger (172 S.)
- Auto-Movement für Anfänger (56 S.)
- Chakra-Magie für Anfänger (148 S.)
- Astralreisen für Anfänger (56 S.)
- Astrologie für Anfänger (120 S.)
- Astrologische Quadrate für Fortgeschrittene (72 S.)
- Partnerhoroskope für Anfänger (100 S.)
- Silberschnüre für Anfänger (52 S.)
- Zaubersprüche für Anfänger (60 S.)
- Ritual-Magie für Anfänger (56 S.)
- Mandalas für Anfänger (68 S.)
- Geldzauber für Anfänger (56 S.)
- Liebeszauber für Anfänger (52 S.)
- Invokationen für Anfänger (52 S.)
- Evokationen für Anfänger (60 S.)
- Geister für Anfänger (52 S.)
- Elfen für Anfänger (56 S.)
- Magie-Forschung für Anfänger (140 S.)
- Magie-Romantik für Anfänger (60 S.)
- Selbsterkenntnis für Anfänger (52 S.)
- Einweihungen für Anfänger (60 S.)
- Drogen-Kabbala für Anfänger (216 S.)
- Zahlensymbolik für Anfänger (60 S.)
- Die Sprache des Mondes – für Anfänger (116 S.)
- Zaubergesänge für Anfänger (100 S.)
- Zukunftschau für Anfänger (60 S.)
- Schamanismus für Anfänger (52 S.)
- Schwitzhütten für Anfänger (52 S.)
- Magische Gegenstände für Anfänger (68 S.)
- Übertragungen für Anfänger (68 S.)
- Zaubertränke für Anfänger (64 S.)
- Magie-Gesten für Anfänger (252 S.)
- Da'ath-Magie für Anfänger (64 S.)
- Magie-Heilungen für Anfänger (68 S.)
- Kornkreise für Anfänger (348 S.)
- Feng Shui für Anfänger (96 S.)
- Tao für Anfänger (112 S.)
- Magie für Anfänger – Sammelband   I (696 S.)
- Magie für Anfänger – Sammelband   II (664 S.)
- Magie für Anfänger – Sammelband III (580 S.)
- Magie für Anfänger – Sammelband IV (700 S.)
- Magie für Anfänger – Sammelband   V (676 S.)
- Magie für Anfänger – Sammelband VI (640 S.)

Magie
- Handbuch für Zauberlehrlinge (408 S.)
- Wie man das Pentagramm-Ritual zum Leben erweckt (308 S.)
- Tarot (104 S.)
- Physik und Magie (184 S.)
- Die Synthese von Physik und Magie (200S.)
- Die Magie-Formel (156 S.)
- Schwarze Löcher in der Magie (56 S.)
- Krafttiere – Tiergöttinnen – Tiertänze (112 S.)
- Schwitzhütten (524 S.)
- Mythen und Magie der Harfe (116 S.)
- Drei Adeptus Major Rituale (192 S.)
- Drei Adeptus Exemptus Rituale (120 S.)
- Zwei Infans Abyssi Rituale (128 S.)

Traumreisen
- Traumreisen zu Heilpflanzen (700 S.)
- Traumreisen zum kabbalistischen Lebensbaum (132 S.)

Meditation
- Der Lebenskraftkörper (230 S.)
- Die Chakren (100 S.)
- Das Chakren-System mit den Nebenchakren (296 S.)
- Organe und Chakren (64 S.)
- Die platonischen Körper in den Chakren (156 S.)
- Meditation (140 S.)
- Drachenfeuer (124 S.)
- Kundalini I (676 S.)
- Kundalini II (672 S.)
- Reinkarnation (156 S.)
- einsgerichtet (140 S.)

Astrologie
- Astrologie (496 S.)
- Photo-Astrologie (428 S.)
- Die astrologischen Aspekte (88 S.)
- Horoskop und Seele (120 S.)

Kabbala
- Kursus der praktischen Kabbala (150 S.)
- Eltern der Erde (450 S.)
- Blüten des Lebensbaumes:
    1. Die Struktur des kabbalistischen Lebensbaumes (370 S.)
    2. Der kabbalistische Lebensbaum als Forschungshilfsmittel (580 S.)
    3. Der kabbalistische Lebensbaum als spirituelle Landkarte (520 S.)
- Logik und Wirkung der Analogie (700 S.)

Eilenstein, Frater V.D., Knecht, Büdenbender
- Magie heute – Berichte aus der Praxis (288 S.)

Büdenbender, Eilenstein
- Chaos, Alk und Magic (436 S.)

Englische Buch-Ausgaben

die „Anfänger"-Reihe
- The Synthesis of Physics and Magic (192 p.)
- Telepathy for Beginners (60 p.)
- Telepathy for Advanced Learners (52 p.)
- Telekinesis for Beginners (56 p.)
- Life Force for Beginners (76 p.)
- Kundalini for Beginners (104 p.)
- Astral Projection for Beginners (60 p.)
- Meditation for Beginners (60 p.)
- Prophecy for Beginners (60 p.)
- Ritual Magic for Beginners (64 p.)
- Magic Chant for Beginners (108 p.)
- Invocations for Beginners (52 p.)
- Evocations for Beginners (62 p.)
- Auto-Movement for Beginners (60 p.)
- Elves for Beginners (56 p.)
- Hypnosis for Beginners (56 p.)
- Love Magic for Beginners (52 p.)
- Money Magic for Beginners (60 p.)
- Magic Objects for Beginners (64 p.)
- Shamanism for Beginners (52 p.)
- Chakra-Magic for Beginners (148 p.)
- Language of the Moon – for Beginners (128 p.)
- Self Knowledge for Beginners (60 p.)
- Da'ath-Magic for Beginners (64 p.)
- Astrology for Beginners (112 p.)
- Number Symbolism for Beginners (64 p.)
- Mandalas for Beginners (76 p.)
- Crop Circles for Beginners (344 p.)
- Feng Shui for Beginners (96 p.)
- Magic Research for Beginners (140 p.)
- Magic for Beginners – Anthology I (636 p.)
- Magic for Beginners – Anthology II (616 p.)
- Magic for Beginners – Anthology III (684 p.)
- Magic for Beginners – Anthology IV (580 p.)

Eilenstein, Frater V.D., Knecht, Büdenbender
- Living Magic (261 S.) (= „Magie heute")

sonstige englische Ausgaben
- The Biography of the Devil (140 S.)
- The Synthesis of Physics and Magic (192 S.)
- The Chakra-System with the Minor Chakras (304 S.)

48